Deutsch: Regeln + Tests

3. und 4. Klasse

Ravensburger Buchverlag

Inhalt

3. Klasse

4. Klasse

REGEL — **Selbstlaute – Mitlaute – Umlaute**

Die Buchstaben a, e, i, o, u nennt man Selbstlaute. Alle anderen Buchstaben heißen Mitlaute. Die Buchstaben ä, ö, ü sind Umlaute.

Merke dir: In der deutschen Sprache enthält jede Silbe eines Wortes mindestens einen Selbstlaut oder Umlaut.

Beispiel:

Stif – te

hö – ren

Dra – chen – schnur

ÜBUNG

1 Trenne diese Wörter und markiere die Selbstlaute.
Stimmt es, dass in jeder Silbe mindestens ein Selbstlaut steckt?

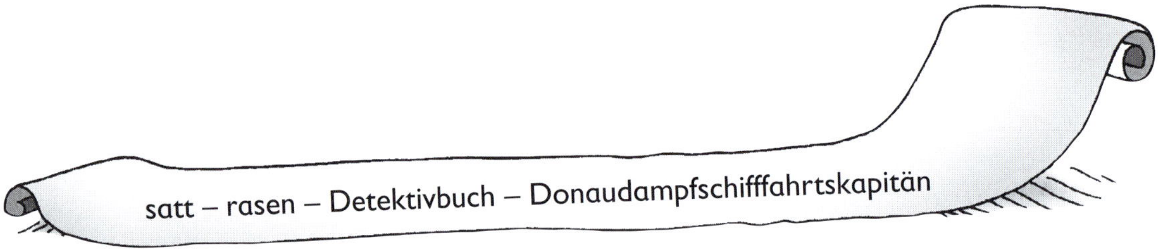

satt, ra-sen, De-tek-tiv-buch, Do-nau-dampf-schiff-fahrts-ka-pi-tän

TEST

1 Schreibe die Wörter einzeln auf die Linien. Male Silbenbögen.

2 Punkte pro Aufgabe

☐ 10

2 Entscheide, ob der Selbstlaut im Wort kurz oder lang klingt.
Trage die Wörter richtig ein.

Hund – Schwan – Tiger – Ente – Zebra – Henne

kurzer Selbstlaut	langer Selbstlaut

☐ 6

3 Setze die Wörter in ihre Mehrzahlform. Achtung: die Selbstlaute werden zu Umlauten.

Blatt ______ Satz ______

Rock ______ Fall ______

☐ 4

Meine Punkte: ☐ 20

REGEL — Doppelte Mitlaute

Nach einem kurzen Selbstlaut folgen normalerweise mindestens zwei Mitlaute. Hörst du nach einem kurzen Selbstlaut nur einen Mitlaut, so musst du ihn doppelt schreiben.

Beispiel:
Kiste
rennen
Blätter
sammeln

ÜBUNG

1 Sprich die Wörter laut. Schreibe sie ab und markiere alle kurz gesprochenen Selbstlaute mit einem Punkt.

schwimmen – klettern – Messer – passen – fallen – Kanne – Schimmel –
Trommel – besser – Pfeffer – Nase

schwimmen – klettern – Messer – passen – fallen – Kanne – Schimmel – Trommel – besser – Pfeffer

TEST

1 Setze die Silben richtig zusammen und schreibe die Wörter mit den doppelten Mitlauten auf.

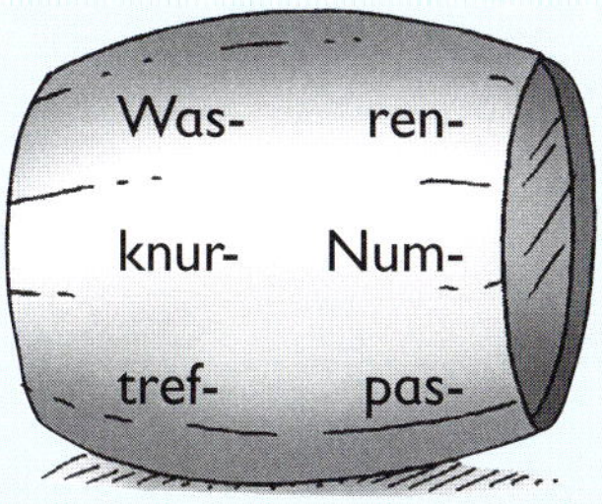

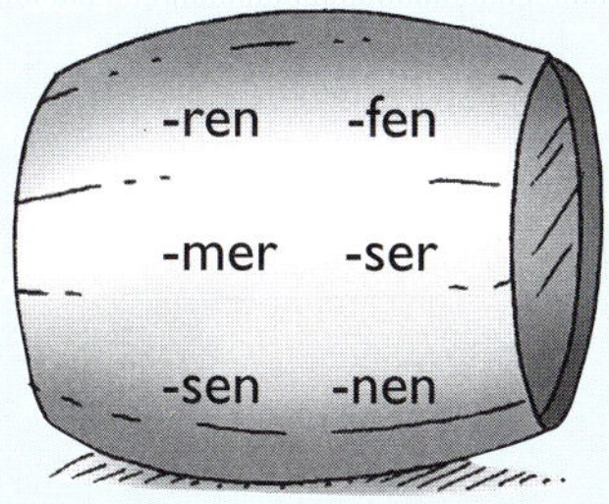

☐ 6

2 Setze die Wörter mit den doppelten Mitlauten richtig in den Text ein.
gewinnt – Sonne – schimmert – jammert – summen – Wasser – rennen – Rennen

Karlo und Konfetti sitzen in der ________. Die Bienen ________ im Gras und das ________ im Teich ________. Alles ist gemütlich, doch Konfetti möchte sich bewegen. Er möchte mit Karlo um die Wette ________. Gesagt, getan. Konfetti ________ das ________.
Und Karlo ________, er hat Durst!

☐ 8

3 Setze die Wasserwörter richtig zusammen und schreibe sie auf die Linien. Beispiel: baden + Wasser = Badewasser
Wasser +
Regen   trinken   Leitung   hoch   Tier   putzen

________ ________ ________

________ ________ ________

☐ 6

Meine Punkte: ☐ 20

Wörter mit ie

REGEL **Wörter mit ie**

Sprichst du in einem Wort das i lang, schreibst du meistens ie.

Beispiel:
Riese
tief
siegen

ÜBUNG

1 Sprich die Wörter laut. Schreibe die Wörter mit ie auf die Linien und kreise alle ie rot ein.

Tier Tisch Biene Rinne lieben Dieb bitter Schimmel Liege

Tier, Biene, lieben, Dieb, Liege

2 Setze die Silben passend zusammen und schreibe die Wörter auf.

Schie- Flie- -gel -ne Spie- -be Die- Spie- -ge -le

Schiene, Fliege, Spiele, Diebe, Spiegel

TEST

1 Trage ein: ie oder i

Karlo und Konfetti sp___len ein Kartensp___l.

Karlo gew___nnt. Nun möchte Konfetti l___ber um die Wette laufen.

Doch Karlo w___ll lesen.

Also schaut Konfetti s___ch B___lder ___n einem Buch an. ☐ 8

2 Finde die Wörter mit ie im Text und schreibe sie auf die Linien. Schreibe doppelte Wörter nur einmal auf.

Konfetti liegt im Gras. Da hört er eine Biene. Er flieht vor dem Insekt. „Du kannst mich nicht kriegen!", ruft er. Doch dann sieht er genauer hin. Es ist keine Biene, vor der er flieht, es ist eine Fliege!

______________ ______________ ______________

______________ ______________ ______________ ☐ 6

3 Trage die gesuchten Wörter mit ie ein.
Biene – Zwiebel – Riese – Fliege – Ziel – Brief – Stiefel – Knie – Ziege – Liege

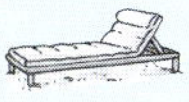 ☐☐☐☐☐ (1)

 ☐☐☐☐☐☐☐ (2)

 ☐☐☐☐☐☐ (3)

 ☐☐☐☐☐ (4)

 ☐☐☐☐☐ (5)

 ☐☐☐☐ (6)

Lösungswort: ___ ___ ___ ___ ___ ___ ☐ 6

Meine Punkte: ☐ 20

Wörter mit Dehnungs-h

REGEL — **Wörter mit Dehnungs-h**

Wird ein Selbstlaut lang gesprochen, folgt oft ein h.

Achtung:
Das h hörst du beim Sprechen nicht.
Man nennt dieses stumme h Dehnungs-h.
Lerne die Wörter mit dem Dehnungs-h auswendig!

Beispiel:
Zahn
Stuhl
Mehl

ÜBUNG

1 Sprich die Wörter laut und schreibe sie auf die Linien. Kreise die langen Selbstlaute und die Dehnungs-h ein.

Fahrrad – Fehler – Zahn – stehlen – Uhr – Draht – Lehrer – bohren

Fahrrad, Fehler, Zahn, stehlen, Uhr, Draht, Lehrer, bohren

TEST

1 Welche Wörter sind hier versteckt? Suche sie und schreibe die Wörter mit Dehnungs-h auf die Linien. Kreise die Selbstlaute und Dehnungs-h ein.

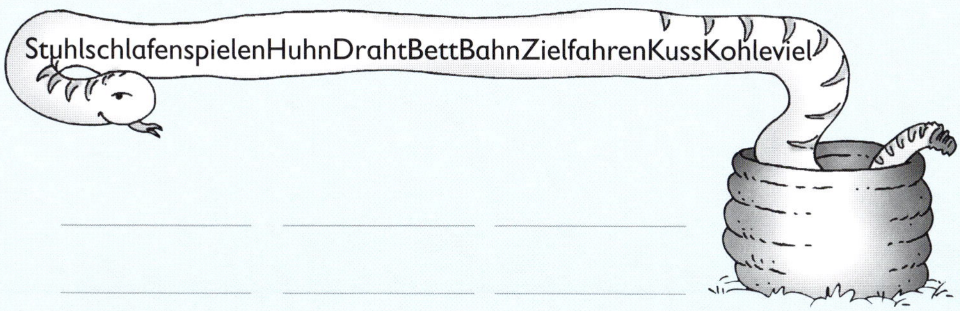

______________ ______________ ______________

______________ ______________ ______________ 6

2 A, e, i, o, u – ergänze diese Wörter mit Dehnungs-h und trage sie in die Tabelle ein.

B__ __n / S__ __n / St__ __l / __ __re / f__ __len /

K / Z / Z l / F len / m

a	e	i	o	u

10

3 Finde Reimwörter und schreibe sie auf.

Gefühl – k______________ Kohle – S______________

Pfahl – Z______________ Kehrer – L______________ 4

Meine Punkte: 20

REGEL **Wörter mit b / p, d / t, g / k**

Damit du bei b / p, d / t und g / k hörst, wie das Wort am Ende geschrieben wird, musst du es verlängern.
Verlängere auch bei Verben, bei denen du entscheiden musst, ob du g oder k, b oder p, d oder t in der Mitte einsetzt.

Verlängere so:
Bilde bei Namenwörtern die Mehrzahl:
der Weg – die Wege.
Bilde bei Verben die Grundform:
er stieg – steigen / er schreibt – schreiben.
Setze Adjektive vor ein Namenwort:
lustig – ein lustiges Buch.

ÜBUNG

1 G oder k, b oder p, d oder t? Setze den fehlenden Buchstaben ein. Bilde zur Kontrolle bei Namenwörtern die Mehrzahl, bei den Verben die Grundform.

We___
Schil___
Zu___
Köni___
Er brin___t
Er blei___t
Er sprin___t
Er wie___t

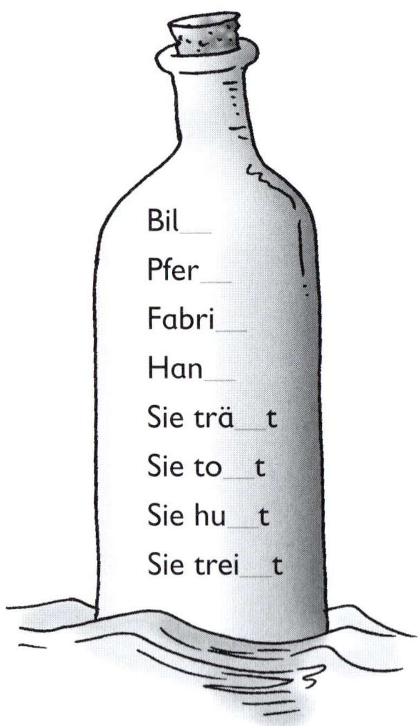

Bil___
Pfer___
Fabri___
Han___
Sie trä___t
Sie to___t
Sie hu___t
Sie trei___t

Weg, Schild, Zug, König, bringt, bleibt, springt, wiegt, Bild, Pferd, Fabrik, Hand, trägt, tobt, hupt, treibt

TEST

1 Ergänze die fehlenden Buchstaben in den Verben.

Lara schrei__t einen Brief an Karlo. Sie kle__t eine Briefmarke darauf.

Vor Freude sprin__t Karlo in die Luft. Der Brief flie__t auch in die Luft.

Gut, dass Konfetti den Brief fän__t. Dafür krie__t er einen Knochen,

den er gleich abna__t. ☐ 7

2 Finde je ein Adjektiv und ein Namenwort, die zusammenpassen.
Schreibe sie dann zusammen auf. Beispiel: lieb – Hund = der liebe Hund.

hungri__ / run__ / ruhi__ / mil__ / Win__ / Aben__ / Kor__ / Kin__

______________________ ______________________

______________________ ______________________ ☐ 4

3 Ordne die Wörter richtig in die Tabelle ein.
Dieb – klingen – merken – kalt – Wort – gesund – eisig – Fahrrad – loben

Namenwörter	Verben	Adjektive
Hut – Hüte	schwankt – schwanken	wild – wilder

☐ 9

Meine Punkte: ☐ 20

Wörter mit ck

REGEL — Wörter mit ck

Das ck steht nach einem
kurz gesprochenen Selbstlaut.
Beispiel:
Rock
Decke
Backe

Das ck wird nicht getrennt.
Beispiel:
Decke – De-cke
Backe – Ba-cke

ÜBUNG

1 Sprich die Wörter laut. Markiere alle kurz gesprochenen Selbstlaute mit einem Punkt.

backen – strecken – nähen – Zecke – ziehen – Decke – Lücke – Hose – Jacke

backen, strecken, Zecke, Decke, Lücke, Jacke

2 Schreibe den Text richtig auf. Kreise die ck in den Wörtern ein.

KARLO BACKT EINEN KUCHEN. KONFETTI VERSTECKT
SICH HINTER EINER HECKE UND SCHAUT IN DIE KÜCHE.
DER BACKOFEN IST AN UND ES RIECHT SCHON LECKER.

Karlo backt einen Kuchen. Konfetti versteckt sich hinter einer Hecke und schaut in die Küche. Der Backofen ist an und es riecht schon lecker.

TEST

1 Ergänze k oder ck. Schreibe die Wörter in die richtigen Spalten.

Ra__ete, Schne__e, Scho__olade, dan__en, Sto__, Schran__, schi__en, schi__, schen__en, fli__en

Wörter mit k: ______ ______

______ ______ ______

Wörter mit ck: ______ ______

______ ______ ______ ☐ 10

2 Setze die Silben zusammen. Schreibe die Wörter mit ck auf.

Fa- / schmü- / ba- / Zi- / Zu- / -ckel / -cker / -cken / -cke / -cken

______ ______ ______

______ ______ ☐ 5

3 Löse das Silbenrätsel. Schreibe die Wörter neben die Sätze.

Ze – De – cke – Wa – schre – cke – zahn – Heu – cke – cke – He – ckel

1. Was fällt Kindern öfter heraus? ______
2. Wohinter kann man sich verstecken? ______
3. Was saugt Blut? ______
4. Was liegt im Bett? ______
5. Welches Tier kann hoch hüpfen? ______ ☐ 5

Meine Punkte: ☐ 20

Wörter mit tz

REGEL — **Wörter mit tz**

Das tz steht nach einem kurz gesprochenen Selbstlaut.

Beispiel:
Katze
sitzen
putzen

ÜBUNG

1. Sprich die Wörter laut. Markiere alle kurz gesprochenen Selbstlaute und schreibe die Wörter mit tz auf.

putzen – Blitz – sitzen – wecken – Witz – spitz – hohl – windig – Hitze – Kratzer – schimpfen – flitzen – malen – schützen – rütteln – Satz

putzen, Blitz, sitzen, Witz, spitz, Hitze, Kratzer, flitzen, schützen, Satz

2. Trenne die Wörter aus der Aufgabe 1. Beispiel: putzen – put-zen.

put-zen, Blitz, sit-zen, Witz, spitz, Hit-ze, Krat-zer, flit-zen, schüt-zen, Satz

TEST

1 Setze ein: z oder tz und schreibe die Wörter in die Tabelle.

wi__ig, Hi__e, War__e, Ta__e, Re__ept, Tan__, Ran__en, Sa__, Pfü__e, Pflan__e

Wörter mit z	Wörter mit tz

☐ 10

2 Bilde Wörter mit tz

Scha | e | Mü | Grü | en | e | bli | Ri | e

☐ 5

3 Bilde Reimwörter!

Katze – ______ Pfütze – ______

spitzen – ______ stutzen – ______

Spatz – ______

☐ 5

Meine Punkte: ☐ 20

s-Laute

REGEL **s-Laute**

Wörter mit ss

Das ss steht nach einem
kurz gesprochenen Selbstlaut.

Beispiel:
fressen
aufpassen
Kissen

ÜBUNG

1 Sprich die Wörter laut und schreibe die Wörter mit ss auf die Schreiblinien.
Markiere alle kurz gesprochenen Selbstlaute mit einem Punkt.

messen – Besen – besser – wissen – Wiese – groß – Flosse – lassen – Tasse – Klasse – Gruß – passen

messen, besser, wissen, Flosse, lassen, Tasse, Klasse, passen

2 Schreibe eine kurze Geschichte, in der möglichst viele ss-Wörter vorkommen.

TEST

1 Füge immer zwei Silben richtig zusammen und schreibe sie auf.

ser	Las	se	se
Kas	sen	Mes	Mas
wis	pas	se	so
sen	Tas	las	sen

8

2 Welche Verben passen zu den Nomen? Ordne zu.

passen – prasseln – sausen – rasen – fressen – wissen

das Rennauto ______ die Hosen ______

der Wind ______ der Regen ______

die Tiere ______ die Lehrer ______

6

3 Bilde Wörter mit ss.

en Schlo en Flu e Pa en kü mü

6

Meine Punkte: 20

Wortfamilie

REGEL **Wortfamilie**

Verwandte Wörter gehören zu einer Wortfamilie.
Die Verwandtschaft erkennst du am Wortstamm:
Alle Wörter mit gleichem Wortstamm gehören zu einer Wortfamilie.

Beispiel:
Wortstamm: -spiel
Wörter aus dieser Wortfamilie:
spielen, verspielt, das Spiel, spielerisch, der Spielplatz, die Spielerin

ÜBUNG

1 Immer ein Wort gehört nicht zur Familie. Streiche es durch.

- lieb: die Liebe, verliebt, das Lied, lieblich
- ziel: zielen, gezielt, die Zielgerade, die Ziege
- zahl: die Zahl, zählen, bezahlbar, die Zahnbürste
- bau: anbauen, der Bauer, die Baustelle, der Traktor
- wohn: die Wohnung, die Tür, wohnen, bewohnt
- fahr: das Auto, das Fahrzeug, der Fahrstuhl, fahren

das Lied, die Ziege, die Zahnbürste, der Traktor, die Tür, das Auto

TEST

1 Finde die fünf Wörter, die zur Wortfamilie „lesen" gehören.
Schreibe sie auf die Linien.

Lesebrille – geschlafen – gelesen – geschliffen – lesbar – Lesebuch – Mathebuch – Leselampe – Lampenschirm

________________ ________________

________________ ________________

____

☐ 5

2 Ordne die Wörter in die drei Wortfamilien ein.
Schreibe sie in die Tabelle.

Fluss – Schreibstift – Flusspferd – Fahrertür – floss – Schreibheft – Autofahrt – Fahrer – geschrieben – abfahren – abschreiben – Flüsschen – vorschreiben – Fahrt – Abfluss

fließen	fahren	schreiben

☐ 15

Meine Punkte: ☐ 20

REGEL — **Namenwörter / Nomen**

Namenwörter sind Namen für Menschen, Dinge oder Tiere. Sie werden groß geschrieben. Namenwörter erkennst du daran, dass sie einen Begleiter haben.
Die bestimmten Begleiter heißen:
der, die, das.
Die unbestimmten Begleiter heißen:
ein, eine.

Namenwörter kannst du oft in die Mehrzahl setzen.

Beispiel:
Einzahl: der Topf, ein Topf
Mehrzahl: die Töpfe

ÜBUNG

1. Teste bei jedem Wort, ob es einen Begleiter und eine Mehrzahl hat. Trage die Wörter richtig ein.

GESPENSTBLUMELAUFENKATZEBUCHLAMPESINGENTELLER

das Gespenst – die Gespenster, ____________________

____

____

____

die Blume – die Blumen, die Katze – die Katzen, das Buch – die Bücher, die Lampe – die Lampen, der Teller – die Teller

2. Welche beiden Wörter sind keine Namenwörter?

____

laufen, singen

TEST

1 Suche zu jedem Namenwort den passenden Begleiter.
Schreibe Begleiter und Namenwörter auf.

Begleiter: der, die, das
Namenwort: Brille, Glück, Tasse, Baum, Hase

______ ______ ______

______ ______

Begleiter: ein, eine, ein
Namenwort: Fahrrad, Regenschirm, Dose, Apfelsine, Fischernetz

______ ______ ______

______ ______ ☐ 10

2 Trage die Namenwörter mit ihren Begleitern richtig in die Tabelle ein:

Kind, Hammer, Lesebuch, Mann, Wut, Hund, Papier, Freude, Maus, Blume

Menschen	Tiere / Pflanzen	Gegenstände	Gefühle

☐ 10

Meine Punkte: ☐ 20

REGEL — **Tunwörter / Verben**

Tunwörter / Verben sagen, was Menschen, Tiere oder Dinge tun.
Sie werden kleingeschrieben.
Verben haben eine Grundform und eine Personalform.

Beispiel:
Grundform: gehen
Personalform: ich gehe, du gehst,
er / sie / es geht,
wir gehen, ihr geht, sie gehen

ÜBUNG

1 Schreibe zu diesen Tunwörtern / Verben in der Grundform je zwei Personalformen auf.

laufen
lesen
malen

ich laufe, du läufst, er läuft, sie läuft, es läuft, wir laufen, ihr lauft, sie laufen
ich lese, du liest, er / sie / es liest, wir lesen, ihr lest, sie lesen
ich male, du malst, er / sie / es malt, wir malen, ihr malt, sie malen

TEST

1 Finde alle zehn Tunwörter in der Spiegelschrift. Schreibe sie auf.

lachenBettriechenweitLampeleuchtenbastelnstarkschlafenrechnen
SchranksingenBuchfliegengroßkochenHundrennen

____

____

____ ☐ 10

2 Schreibe die passende Personalform auf.

gehen

ich __________ du __________ er __________

wir __________ ihr __________ sie __________ ☐ 6

3 Bilde vier Tunwörter aus den Puzzleteilen.

ver	fahren
ab	reißen
an	malen
zer	schreiben

____________________ ____________________

____________________ ____________________ ☐ 4

Meine Punkte: ☐ 20

REGEL **Fürwörter / Pronomen**

Die Wörtchen ich, du, er, sie, es, wir, ihr, sie nennt man Fürwörter.
Sie stehen für Namenwörter / Nomen.

Beispiel:
Das Kind lacht. Es lacht.

ÜBUNG

1 Ersetze jedes unterstrichene Namenwort durch ein passendes Fürwort:

Die Frau lacht. ______________________

Der Hund läuft. ______________________

Das Kind weint. ______________________

Das Kaninchen hoppelt. ______________________

Die Sonne scheint. ______________________

Der Löwe brüllt. ______________________

Sie lacht. Er läuft. Es weint. Es hoppelt. Sie scheint. Er brüllt.

TEST

1 Setze die Fürwörter richtig in den Text ein.

ich – du – er – sie – es – wir – ihr – sie

1. ______ fährt mit dem Auto. (der Mann)
2. Gehst ______ heute zum Fußballspiel?
3. ______ alle gehen heute zur Schule.
4. ______ bringe heute den Brief zum Briefkasten.
5. ______ geht mit dem Hund spazieren. (die Frau)
6. Kommt ______ nachher mit ins Schwimmbad?
7. ______ spielen heute Nachmittag zusammen.

Ein Fürwort fehlt. Es ist: ______ ☐ 7

2 Schreibe das richtige Fürwort auf:

die Köchin: ______ das Huhn: ______ der Ball: ______ ☐ 3

3 Welche Fürwörter gehören davor? Schreibe die fehlenden Endungen zum zweiten Wort.
ich, du, es, wir, ihr

______ schreibe, pfeif______ ______ laufen, kauf______

______ lachst, lie______ ______ malt, bau______

______ klingelt, ratter______ ☐ 10

Meine Punkte: ☐ 20

Zeitformen Tunwörter/Verben

REGEL — Zeitformen Tunwörter/Verben

Tunwörter/Verben werden in verschiedenen Zeitformen verwendet.
Was schon geschehen ist, ist Vergangenheit.
Was gerade passiert, ist Gegenwart.
Was noch geschehen wird, ist Zukunft.

Beispiel:
Vergangenheit: Ich habe gelernt.
Gegenwart: Ich lerne.
Zukunft: Ich werde lernen.

ÜBUNG

1 Welche Sätze haben die gleiche Zeitform?

1. Vergangenheit 2. Gegenwart 3. Zukunft

a) In den letzten Ferien war ich in den Bergen.

b) Morgen werde ich ins Kino gehen.

c) Jetzt nicht! Ich telefoniere gerade.

d) Gestern habe ich meine Freunde getroffen.

e) Übermorgen werde ich zu meiner Freundin fahren.

f) Ich räume gerade mein Zimmer auf.

Vergangenheit: a,d / Gegenwart: c, f / Zukunft: b,e

TEST

1 Kreuze die richtige Zeitform an!

Vergangenheit = V, Gegenwart = G, Zukunft = Z	V	G	Z
1. Heute schneit es.			
2. Gestern fuhr ich zu meiner Oma.			
3. Morgen werde ich einen Kuchen backen.			
4. Ich lachte laut über den Witz meines Freundes.			
5. Ich fahre gerade mit dem Fahrrad.			
6. In der letzten Woche spielte ich Fußball.			
7. Im nächsten Jahr werden wir ans Meer fahren.			
8. Heute spiele ich mit meiner Katze.			
9. Im nächsten Monat werde ich zur Schule gehen.			
10. Ich stritt mich mit meiner Mutter.			

☐ 10

2 Kreise die Tunwörter ein. Schreibe die Sätze in der genannten Zeitform auf.

1. Karlo liest ein Detektivbuch.

   Vergangenheit: ______________________

2. Konfetti bellte, so laut er konnte.

   Gegenwart: ______________________

3. Morgen wird es regnen.

   Vergangenheit: ______________________

4. Die Kinder lachten laut.

   Gegenwart: ______________________

5. Meine Katze streckte sich.

   Zukunft: ______________________

2 Punkte pro Aufgabe

☐ 10

Meine Punkte: ☐ 20

Einfache Vergangenheitsform (Präteritum) und zusammengesetzte Vergangenheitsform (Perfekt)

REGEL **Vergangenheitsformen**

Um auszudrücken, dass etwas schon länger zurückliegt, kann man das Tunwort in der einfachen Vergangenheit verwenden. Die einfache Vergangenheit brauchst du oft, wenn du über etwas Vergangenes schreibst.

Beispiel:
lesen: ich las
lernen: wir lernten
gehen: er ging

Um auszudrücken, dass etwas schon länger zurückliegt, kann man das Tunwort in der zusammengesetzten Vergangenheit verwenden.
Die zusammengesetzte Vergangenheit brauchst du oft, wenn du etwas Vergangenes mündlich erzählst.

Beispiel:
lesen: ich habe gelesen
lernen: du hast gelernt
gehen: er ist gegangen

ÜBUNG

Einfache und zusammengesetzte Vergangenheit

1. Setze die Sätze in die einfache Vergangenheit.

Ich laufe schnell. ____________________

Konfetti schwimmt im Meer. ____________________

Ich lief schnell. – Konfetti schwamm im Meer.

2. Setze die Sätze in die zusammengesetzte Vergangenheit.

Ich laufe schnell. ____________________

Konfetti schwimmt im Meer. ____________________

Ich bin schnell gelaufen. Konfetti ist im Meer geschwommen.

TEST

1 Fülle die Zeilen richtig aus.

Gegenwart	Einfache Vergangenheit	Zusammengesetzte Vergangenheit
ich	ich lachte	ich
du baust	du	du
sie	sie	sie hat geschlafen
wir spielen	wir	wir
sie	sie	sie sind gelaufen

☐ 10

2 Setze die Tunwörter einmal in die einfache Vergangenheit und einmal in die zusammengesetzte Vergangenheit.

Lara <u>geht</u> am Morgen zur Schule. Auf dem Weg <u>sieht</u> sie einen Vogel. Sie <u>trifft</u> ihre Freundin Sara. Sie <u>erzählen</u> sich Geschichten. Da <u>klingelt</u> schon die Schulglocke.

a) Einfache Vergangenheit

______________________ ______________________

______________________ ______________________

____

☐ 5

b) Zusammengesetzte Vergangenheit

______________________ ______________________

______________________ ______________________

____

☐ 5

Meine Punkte: ☐ 20

REGEL **Wiewörter / Adjektive**

Wiewörter beschreiben, wie Menschen, Tiere oder Dinge sind.
Sie werden kleingeschrieben.
Die meisten Wiewörter kannst du steigern.
So kannst du vergleichen.

Beispiel:
Grundform: schnell
1. Vergleichsstufe: schneller
2. Vergleichsstufe: am schnellsten

ÜBUNG

1 Schreibe von diesen Wiewörtern immer die 1. Vergleichsstufe und die 2. Vergleichsstufe auf.

Grundform	1. Vergleichsstufe	2. Vergleichsstufe
groß		
tief		
heiß		
lang		
kurz		

groß – größer – am größten, tief – tiefer – am tiefsten, heiß – heißer – am heißesten, lang – länger – am längsten, kurz – kürzer – am kürzesten

2 Bilde zu jedem Wiewort einen Satz.
Beispiel: Mein Hund ist größer als meine Katze.

TEST

1 Finde die fünf Gegensätze im Suchsel und schreibe sie auf.

D	F	T	Ü	D	I	C	K	Ä	R
D	G	U	H	V	M	U	Z	Z	X
L	A	G	A	C	L	E	I	S	E
U	B	V	R	C	M	Ö	A	L	T
N	E	U	T	N	D	C	Q	E	D
S	D	X	K	L	Ü	S	W	D	S
E	K	P	I	O	N	K	A	L	T
Q	E	D	S	D	N	D	R	C	D
D	P	W	I	K	C	X	M	W	E
W	E	I	C	H	D	L	A	U	T

/

/

/

/

/

10

2 Schreibe die Vergleichsstufen richtig in die Tabelle ein.

Grundform	1. Vergleichsstufe	2. Vergleichsstufe
kalt		
	bunter	
		am schwersten
leicht		
	härter	

10

Meine Punkte: 20

Umstandswörter / Adverbien

REGEL — Umstandswörter / Adverbien

Umstandswörter (Adverbien) beziehen sich meistens auf ein Verb und geben an, wo, wann, wie oder warum etwas geschieht.

WO geschieht etwas? (Ort):
hier, dort, da, vorn, überall, rechts, links

WANN geschieht etwas? (Zeit):
morgens, bald, heute, dann, immer, endlich

WIE geschieht etwas (Art und Weise):
genug, gern, sehr, vielleicht

WARUM geschieht etwas (Grund):
darum, deshalb, also, dennoch

Umstandswörter (Adverbien) stehen nicht zwischen einem Begleiter und einem Nomen. Sie verändern in der REGEL ihre Form nicht.

ÜBUNG

1 Kreise die Umstandswörter im Text ein.

Karlo liebt seinen Konfetti sehr. Gern kauft er für ihn Knochen, um ihm abends eine Freude zu machen. Deshalb hat Konfetti auch immer gute Laune, wenn Karlo nach Hause kommt. Er hüpft von rechts nach links und läuft immer die Treppen von oben nach unten.

Lara kann das kaum verstehen. Darum sagt sie: „Konfetti, draußen kannst du laufen. Hier stört es mich!“

sehr, gern, abends, deshalb, immer, rechts, links, immer, oben, unten, kaum, draußen, hier

TEST

1 Schreibe die Umstandswörter richtig auf.

überall, dennoch, heute, vorn, also, genug, hier, morgens, sehr, darum

____

____

______________________________ ☐ 10

2 Finde fünf Umstandswörter in der Raupe. Kreise sie ein und schreibe sie auf.

____

______________________________ ☐ 5

3 Schreibe fünf Sätze mit je einem Umstandswort aus der zweiten Aufgabe. Kreise die Umstandswörter ein.

____

____

____

____

______________________________ ☐ 5

Meine Punkte: ☐ 20

REGEL — **Satzarten und Satzzeichen**

Satzzeichen unterteilen die Wörter und Sätze eines Textes. Sie helfen dir beim Lesen.
Zu den verschiedenen Satzarten gibt es verschiedene Satzzeichen:

Aussagesätze erzählen oder berichten über ein Geschehen und beschreiben dies genauer. Sie enden mit einem Punkt.
Beispiel: Das Fußballspiel findet wie immer auf dem Sportplatz statt.

Fragesätze können mit einem Fragewort oder einem Tunwort (Verb) beginnen.
Sie enden mit einem Fragezeichen.
Beispiele: Was hast du gestern gemacht? Gibst du mir das Buch?

In Ausrufe- oder Befehlssätzen werden Gedanken oder Gefühle sowie Aufforderungen zum Ausdruck gebracht.
Sie enden mit einem Ausrufezeichen.
Beispiele: Ich freue mich auf die Sportstunde! Gib mir sofort mein Buch wieder!

ÜBUNG

1 Setze im Text die Punkte.

Karlo und Konfetti unterhalten sich mit Lara Lara erzählt aus der Schule heute haben die Kinder ein Diktat geschrieben dann hatten sie noch Besuch in der Klasse ein Kind aus England war zu Gast und hat aus seiner Schule erzählt als die Schule aus war, ging Lara schnell nach Hause, um ihre Hausaufgaben zu machen jetzt hat sie frei und kann mit ihren Freunden spielen.

Karlo und Konfetti unterhalten sich mit Lara. Lara erzählt aus der Schule. Heute haben die Kinder ein Diktat geschrieben. Dann hatten sie noch Besuch in der Klasse. Ein Kind aus England war zu Gast und hat aus seiner Schule erzählt. Als die Schule aus war, ging Lara schnell nach Hause, um ihre Hausaufgaben zu machen. Jetzt hat sie frei und kann mit ihren Freunden spielen.

TEST

1 Trage Punkte, Fragezeichen und Ausrufezeichen richtig ein.
Schreibe dann den Text richtig auf.

Es ist Frühling die Blumen blühen welche Farbe gefällt dir am besten magst du lieber gelbe oder rote Primeln ich liebe rote Primeln über alles und du, Karlo wo ist eigentlich Konfetti oje, sieh nur Konfetti läuft zur Straße komm sofort zurück brav jetzt gehen wir nach Hause

____

____

____ ☐ 11

2 Trage die Fragewörter richtig ein.

Wer – Was – Warum – Wo – Wie – Wann

1. ______ musst du nach Hause fahren, Lara?
2. ______ geht heute mit Konfetti spazieren?
3. ______ ist denn nur Konfettis Leine geblieben?
4. ______ musst du heute einkaufen, Karlo?
5. ______ bist du schon wieder zu spät, Lara?
6. ______ kann ich dir helfen?
7. ______ hat seine Hausaufgaben nicht gemacht?
8. ______ gibt es heute zu essen?
9. ______ beginnt der Schwimmkurs? ☐ 9

Meine Punkte: ☐ 20

REGEL **Die wörtliche Rede**

Spricht oder denkt jemand in einem Text, so heißt das wörtliche Rede.
Im Begleitsatz wird erklärt, wer gerade etwas sagt, fragt oder denkt.
Die wörtliche Rede steht immer in Anführungszeichen.
Die Begleitsätze werden durch Kommas abgetrennt.

Beispiel:
Konfetti fragt: „Wie viele Knochen bekomme ich heute?“
„Du bekommst einen Knochen, Konfetti“, antwortet Karlo.

ÜBUNG

1 Unterstreiche im Text, was gesprochen wird. Setze die Anführungszeichen.

Karlo sagt: Heute ist ein schöner Tag.

Lara stimmt ihm zu: Ja, die Sonne scheint.

Konfetti fragt: Wann gehen wir spazieren?

Heute Mittag, Konfetti , sagt Karlo.

Darf ich mitkommen? , fragt Lara.

Aber natürlich! , rufen Karlo und Konfetti wie aus einem Munde.

Karlo sagt: „Heute ist ein schöner Tag.“ Lara stimmt ihm zu: „Ja, die Sonne scheint!“
Konfetti fragt: „Wann gehen wir spazieren?“ „Heute Mittag, Konfetti“,
sagt Karlo. „Darf ich mitkommen?“, fragt Lara. „Aber natürlich!“, rufen Karlo
und Konfetti wie aus einem Munde.

TEST

1 Setze die Doppelpunkte richtig ein. Unterstreiche die „wörtliche Rede“.

1. Konfetti jault „Ich möchte mehr Knochen!“
2. Karlo lacht „Konfetti, hör auf!“
3. Lara fragt „Darf ich mich zu euch setzen?“
4. Papa sagt „Heute können wir auf den Spielplatz gehen.“
5. Mama sagt „Wir können auch zu Oma fahren!“
6. Alle rufen „Oh ja, lasst uns zu Oma fahren!“

2 Punkte pro Aufgabe

☐ 12

2 Setze die Anführungszeichen richtig ein.

1. Konfetti möchte spazieren gehen: Los! Lasst uns losgehen!
2. Karlo kann das nicht verstehen: Konfetti, hab noch ein wenig Geduld!
3. Lara bietet an: Komm, Konfetti, dann gehen wir in den Garten!
4. Das will Konfetti nicht. Immer soll ich im Garten spielen , mault er.
5. Lara lacht: Dann hol deine Leine, Konfetti!
6. Wir gehen spazieren , sagt sie.
7. Aber zieh nicht mehr so an der Leine! , ermahnt sie ihn.
8. Konfetti bellt: Ganz bestimmt nicht!

☐ 8

Meine Punkte: ☐ 20

REGEL **Satzglieder**

Einige Wörter oder Wortgruppen gehören in Sätzen zusammen.
Diese Wörter oder Wortgruppen heißen Satzglieder.
Satzglieder kannst du im Satz umstellen oder verschieben.

Beispiel:
Heute / erzählen / Karlo und Konfetti / viele lustige Geschichten.
Karlo und Konfetti / erzählen / heute / viele lustige Geschichten.
Viele lustige Geschichten / erzählen / Karlo und Konfetti / heute.

ÜBUNG

1 Stelle die Satzglieder mehrmals um und bilde neue Sätze.

a) Konfetti freut sich jeden Abend über einen neuen Knochen.

Jeden Abend freut sich Konfetti über einen neuen Knochen.
Über einen neuen Knochen freut sich Konfetti jeden Abend.
Freut sich Konfetti jeden Abend über einen neuen Knochen?

b) In der Schule lernen Lara und ihre Freunde jeden Tag neue Dinge.

Lara und ihre Freunde lernen jeden Tag neue Dinge in der Schule.
Lernen Lara und ihre Freunde jeden Tag neue Dinge in der Schule?
Neue Dinge lernen Lara und ihre Freunde jeden Tag in der Schule.

TEST

1 Kreise die Satzglieder in den Sätzen richtig ein.

a) Die Maus läuft in ihr kleines Loch.

b) Karlo liest jeden Morgen seine Zeitung.

c) Lara schreibt gerne lange Briefe an ihre Oma.

d) Mama schimpft heute mit Lara.

e) Papa liest Lara abends immer aus einem Buch vor.

☐ 5

2 Schreibe je drei Sätze aus den Satzgliedern auf.

a) Konfetti und Karlo / sonntags / ein Spiel / spielen

b) Lara / am allerliebsten / Schokoladenpudding / mag

c) erklärt / die Lehrerin / den Schülern / die Hausaufgaben

d) am Abend / sich / Karlo / den Sternenhimmel / schaut / gerne / an

e) Lara / für Mama / einen bunten Blumenstrauß / pflückt

☐ 15

Meine Punkte: ☐ 20

Der Satzgegenstand / Subjekt

REGEL — **Der Satzgegenstand / Subjekt**

Das Satzglied, das auf die Frage „Wer oder was?“ antwortet, nennt man Subjekt (Satzgegenstand).

Beispiel:
Eva kauft ein Buch in der Stadt.
Wer kauft ein Buch? – Eva.

Der Ball rollt ins Tor.
Was rollt ins Tor? – Der Ball.

ÜBUNG

1. Suche in diesen Sätzen das Subjekt.

Karlo geht zu Fuß zur Schule.

Wer? ______________________________

Lara liest ein Buch.

Wer? ______________________________

Das Sofa steht im Wohnzimmer.

Wer oder was? ______________________

Die Kinder spielen im Garten.

Wer? ______________________________

Die Pilotin steuert das Flugzeug.

Wer? ______________________________

Das Buch ist spannend.

Wer oder was? ______________________

Karlo, Lara, das Sofa, die Kinder, die Pilotin, das Buch

TEST

1 Frage nach dem Satzgegenstand (Subjekt). Schreibe das Fragewort auf die Linie. Unterstreiche den Satzgegenstand.

a) Heute geht Lara ins Kino. ______________

b) Es läuft ein spannender Film. ______________

c) Die Hunde bellen laut. ______________

d) Die Windmühlenräder drehen sich im Wind. ______________

e) Der Glitzerstein funkelt in der Sonne. ______________

f) Der Witz ist lustig. ______________

g) Ab morgen hat das Geschäft geöffnet. ______________

h) Gestern ist die Katze auf den Baum geklettert. ______________

2 Punkte pro Aufgabe

☐ 16

2 Setze die passenden Satzgegenstände ein.

die Schüler / Karlo / Konfetti / die Katze

a) Wer? ______________ kaut an seinem Knochen.

b) Wer? ______________ ist ein Lern-Detektiv.

c) Wer? ______________ miaut kläglich.

d) Wer? ______________ freuen sich, dass sie hausaufgabenfrei haben.

☐ 4

Meine Punkte: ☐ 20

Satzaussage, Satzkern / Prädikat

REGEL — **Satzaussage, Satzkern / Prädikat**

Das Satzglied, das auf die Frage Was tut? oder Was geschieht? antwortet, nennt man Satzaussage oder Satzkern (Prädikat).
Die Satzaussage kann einteilig oder zweiteilig sein.

Beispiel:
Anna isst einen Apfel.
Was tut Anna? – isst (Grundform: essen)

Zweiteiliges Prädikat:
Thomas spült das Geschirr ab.
Was tut Thomas? – spült … ab
(Grundform: abspülen)

ÜBUNG

1 Suche in diesen Sätzen die Satzaussage.

Karlo geht zu Fuß zur Schule. Was tut Karlo? ____________________

Papa backt einen Kuchen. Was tut Papa? ____________________

Die Hunde toben auf der Wiese. Was tun die Hunde? ____________________

Lara malt eine Prinzessin. Was tut Lara? ____________________

Mama leiht ein Buch aus. Was tut Mama? ____________________

Konfetti rennt mit dem Nachbarshund um die Wette.

Was tut Konfetti? ____________________

geht, backt, toben, malt, leiht … aus, rennt

TEST

1 Was tut Konfetti? Schreibe fünf Sätze auf und unterstreiche die Satzaussage.

fressen | schlafen | schnarchen | spazieren | kauen

Beispiel: Konfetti bellt wie verrückt.

2 Punkte pro Aufgabe

☐ 10

2 Schreibe fünf Sätze auf, was du in der Schule machst. Unterstreiche die Satzaussage.

schreiben | sitzen | rechnen | lesen | essen

Beispiel: Ich spiele in der Pause.

2 Punkte pro Aufgabe

Lies deine Sätze einem Erwachsenen vor und lass dir Punkte geben. ☐ 10

Meine Punkte: ☐ 20

Stichworte notieren

REGEL **Stichworte notieren**

Mithilfe von Stichworten kannst du Geschichten gut nacherzählen.
Notiere die wichtigsten Inhalte kurz untereinander und erzähle dann die Geschichte.

ÜBUNG

1 Notiere Stichworte zu Teekesselchen
Beispiel:

Bank
sitzen
im Park
im Garten

Bank
Geld
Automaten
ein Gebäude

Mein Teekesselchen steht im Park oder Garten. Du kannst auf ihm sitzen.
Mein Teekesselchen ist ein Gebäude. Du holst am Automaten Geld.

2 Notiere eigene Stichworte, zum Beispiel zum Teekesselchen „Birne“.
Findest du noch weitere Teekesselchen?

Birne
____
____
____

Birne
____
____
____

TEST

1 Schreibe zu den Teekesselchen vier Stichworte auf:

Drachen

Hahn

8

2 Welche dieser Stichworte gehören zum Märchen Hänsel und Gretel? Notiere sie.

Korb mit Brot und Wein – Stiefmutter – Wolf – will die Kinder loswerden – Wald – Jäger – weiße Steine – Wolf spricht mit ihr – Plan misslingt – Brot – Kinder verloren – kranke Großmutter – finden Haus aus Süßigkeiten – große Augen – „Knusper, knusper, Knäuschen." – „Der Wind, der Wind, das himmlische Kind" – große Hände – Wolf frisst – Backofen – laufen heim – Vater freut sich

12

Meine Punkte: 20

REGEL Texte ordnen

Beim Schreiben einer Geschichte achtest du darauf, sie in der richtigen Reihenfolge zu erzählen. Das ist wichtig, damit deine Leser verstehen, was nacheinander geschieht.

ÜBUNG:

1 Ordne die Sätze und schreibe sie richtig auf.

a) Marie war heute mit ihrem Hund Kessi spazieren.

b) Zuerst sind wir Frau Schmidt begegnet. Sie hat uns von ihrer Tochter erzählt.

c) Am Schluss kam uns noch Karlo entgegen. Er war auch auf dem Weg nach Hause.

d) Sie erzählt zu Hause, was auf dem Spaziergang geschehen ist.

e) Dann haben wir Lara und Konfetti getroffen. Die beiden haben uns eine Zeit lang begleitet.

a, d, b, e, c

TEST

1 Denke dir eine Geschichte aus. Achte auf die Reihenfolge und verwende die folgenden Wörter:

zuerst – nun – dann – darauf – später – zum Schluss

____

____

____

____ ☐ 6

2 Ordne die Geschichte.

a) Am Gehweg hat Paul schon gewartet.
b) Nun habe ich mich angezogen.
c) Da bin ich schnell zu ihm gerannt.
d) Darauf hat Mama aufgemacht.
e) Dann habe ich gefrühstückt.
f) Nun habe ich den Ranzen genommen.
g) Zum Schluss sind wir gemeinsam zur Schule gegangen.
h) Am Morgen hat der Wecker geklingelt.
i) Dann bin ich aus der Wohnung gegangen.
j) Später habe ich meinen Anorak angezogen.
k) Da habe ich gemerkt, dass ich den Ranzen vergessen habe.
l) Dann bin ich aufgestanden.
m) Sofort habe ich geklingelt.
n) Danach habe ich die Zähne geputzt.

____ ☐ 14

Meine Punkte: ☐ 20

Einleitung – Hauptteil – Schluss

REGEL **Einleitung – Hauptteil – Schluss**

Eine Geschichte besteht aus einer Einleitung, einem Hauptteil und einem Schluss.
Die Einleitung ist kurz und erzählt, wie es zu dem Geschehen kommt und welche Personen mitspielen.
Der Hauptteil erzählt, was nacheinander geschehen ist. Das Ende des Hauptteils ist am spannendsten.
Der Schluss erzählt dir, wie die Geschichte zu Ende geht.

ÜBUNG

1 Ordne die Geschichte in Einleitung, Hauptteil und Schluss.
Karlos Abend

a) Doch dieser Abend war anders. Im Haus knackte es und ich sah unheimliche Schatten. Ab und an bewegte sich ein Lichtstrahl durch die Gardinen, und ich wusste nicht, ob ich die Augen besser schließen sollte oder hinschauen sollte. Nach einiger Zeit fasste ich mir ein Herz und stand auf, um nachzuschauen, was das für Geräusche waren. Sie kamen aus dem Bad. Ich schlich langsam näher und näher. Ob sich ein Einbrecher im Bad befand? Ich öffnete vorsichtig die Tür – und was sah ich da?

b) Es war ein ganz normaler Dienstagabend. Ich lag schon seit einer Stunde in meinem Bett.

c) Lara schaute mich erschrocken mit großen Augen an. Sie putze sich gerade die Zähne. „Hast du mich erschreckt, Karlo“, sagte sie lachend. Ich lachte auch. Endlich konnte ich beruhigt ins Bett gehen. In null Komma nichts schlief ich ein.

b, a, c

TEST

1 Schreibe eine Einleitung zu der folgenden Geschichte:
So ein Wetter!

Ich hatte keine Lust, mir meine Regensachen anzuziehen. Den Regenschirm konnte ich nicht finden. Da machte ich mich so auf den Weg. Es begann zu tröpfeln. Mit einem Mal kam ein Regenguss und ich war durch und durch nass.

Ich dachte mir: Wäre ich doch zu Hause geblieben oder hätte mir meine Regensachen angezogen! ☐ 10

2 Erzähle die Geschichte ganz und schreibe sie auf. Achte auf eine Einleitung, einen Hauptteil und einen Schluss.

Karlo und Konfetti – spazieren – auf einmal klägliches Miauen – Katze im Baum – locken – Katze hat Angst – Lara kommt – hat eine Idee – Feuerwehr – Leiter – Katze gerettet – Karlo und Konfetti gehen nach Hause

Lies die Geschichte jemandem vor und lass dir Punkte geben. ☐ 10

Meine Punkte: ☐ 20

Bewerte deine Testergebnisse:

0 – 9 Punkte:

Das Thema solltest du noch etwas üben.
In den Lern-Detektiv-Heften findest du viele andere spannende Übungen.

10 – 16 Punkte:

Die nächste Klassenarbeit kann getrost kommen, denn:
Du hast gut geübt! ☺

17 – 20 Punkte:

Es hat sich richtig gelohnt, dass du geübt hast.
Auch knifflige Aufgaben hast du geschafft.
Du bist spitze! ☺☺

Regeln und Tests Klasse 4

Seite 54–75

Wörter mit ß

REGEL **Wörter mit ß**

Das ß steht nach einem lang gesprochenen Selbstlaut.

Beachte:

Nach den Doppellauten ei, eu, au, äu steht auch oft ß.

Beispiel:
Soße
draußen
heiß

Das Wort „das“ kannst du durch die Wörter „dieses“ oder „welches“ ersetzen. Das Wort „dass“ steht oft nach Verben des Sagens, Meinens oder Denkens.

Beispiel:
Ich lese das Buch, das Karlo mir empfohlen hat.
Ich glaube, dass heute die Sonne scheint.

ÜBUNG

1. Sprich die Wörter laut und schreibe sie auf. Markiere alle lang gesprochenen Selbstlaute und Doppellaute mit einem Strich.

Floß – beißen – vergessen – groß – Spaß – stoßen – lassen – heiß – Straße – Nuss – reißen – fleißig – Schlüssel – Fuß

Floß, beißen, groß, Spaß, stoßen, heiß, Straße, reißen, fleißig, Fuß

2. Suche dir fünf Wörter heraus und bilde Sätze damit.

TEST

1 Setze ein: s oder ß.

gie____en / Rie____e / Spa____ / Do____e / Grie____ / Wie____e 6

2 Setze die Wörter mit ss oder ß richtig ein.
Fressen – Spaß – aufzuschließen – groß – begrüßt – draußen – Schlüssel

1. Papa macht heute ____________.
2. Karlo ist ____________.
3. Konfetti liebt sein ____________.
4. Konfetti ist gerne ____________.
5. Karlo ____________ seinen Freund.
6. Karlo braucht seinen ____________, um die Tür ____________. 7

3 Setze das oder dass richtig ein.

1. Konfetti mag das Futter, ____________ er jeden Tag bekommt.
2. Karlo findet, ____________ Konfetti zu viele Knochen frisst.
3. Mama trifft das Mädchen, ____________ eine grüne Hose trägt.
4. Konfetti glaubt nicht, ____________ er schneller läuft als Karlo.
5. Papa kauft das Buch, ____________ er sich schon lange kaufen wollte.
6. Ich sehe das Auto, ____________ wegfährt.
7. Ich hoffe nicht, ____________ es heute regnet. 7

Meine Punkte: 20

Schwierige Laute - ks

REGEL — Schwierige Laute - ks

Der Laut ks kann unterschiedlich geschrieben werden.

Wörter mit X / x: die Axt, boxen, der Boxer, extra, explodieren, das Taxi, der Text, das Xylofon

Wörter mit ks: der Keks, links

Wörter mit cks: klecksen, der Klecks

Wörter mit chs: die Achse, der Fuchs, wachsen

Wörter mit gs: Unterwegs

ÜBUNG

1 Finde die Wörter im Suchsel und schreibe sie auf:
Boxer, verflixt, Hexe, Taxi, Fuchs, wachsen, Keks, Knacks, unterwegs

A	C	K	E	K	S	T	A	X	I
Z	X	N	S	Z	V	R	Y	H	L
V	R	A	C	Ö	Z	H	P	G	W
F	U	C	H	S	Ü	E	Ü	H	A
E	G	K	V	B	O	X	E	R	C
L	U	S	X	D	V	E	C	Y	H
K	Z	G	B	Z	A	C	Z	F	S
V	E	R	F	L	I	X	T	P	E
Ä	Ö	V	P	C	V	P	R	Ö	N
U	N	T	E	R	W	E	G	S	Ä

TEST

1 Erkennst du die Wörter in den Wolken? Schreibe sie auf die Linien.

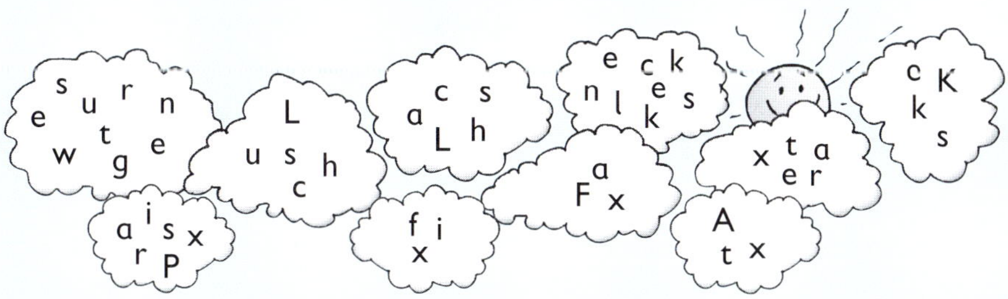

______________________ ______________________

______________________ ______________________

______________________ ______________________

______________________ ______________________

______________________ ______________________ ☐ 10

2 Finde die zehn Schlangenwörter heraus. Kreise sie ein und unterstreiche die „ks“-Laute.

☐ 10

Meine Punkte: ☐ 20

REGEL — **Besondere Buchstaben: f / F und v / V**

Der Laut „f“ wird in der Regel mit f / F geschrieben.
Merke dir die Wörter, die mit v / V geschrieben werden.

Beispiel:
viel, der Vater, der Vogel
die Lern-Detektive, die Vase, der Vulkan

ÜBUNG

1 Ergänze den fehlenden Buchstaben und schreibe die Wörter in die Tabelle.

Detekti__ , __isch , Kla__ier, __enster, bra__ , __inden, __olgen, __on, __inster, __oll

f / F	v / V

Wörter mit f / F: Fisch, Fenster, finden, folgen, finster
Wörter mit v / V: Detektiv, Klavier, brav, von, voll

TEST

1 Trage die Wörter mit v/V je nach Silbenanzahl richtig in die Tabelle ein.
Vers, privat, voll, Vampir, Vogel, November, relativ, Vieh, Vase, vielleicht, Veilchen, vor

eine Silbe	zwei Silben	drei Silben

12

2 Setze die Silben zusammen und schreibe die acht Wörter auf.

ver-	sprechen	stellen
vor-	fahren	lesen

8

Meine Punkte: 20

Zusammengesetzte Namenwörter/Zusammengesetzte Nomen

REGEL — **Zusammengesetzte Namenwörter / Nomen**

Namenwörter können aus mehreren Namenwörtern zusammengesetzt werden. Diese zusammengesetzten Namenwörter werden großgeschrieben.

Das erste Wort erklärt das zweite Namenwort genauer und heißt Bestimmungswort.

Das zweite Namenwort heißt Grundwort.

Beispiel:
das Fenster + die Scheibe = die Fensterscheibe
der Winter + die Jacke = die Winterjacke

ÜBUNG

1. Setze die Wörter richtig zusammen und schreibe sie mit Begleiter auf.

Lampe, Arzt, Tür, Schirm, Beutel, Tee, Sonne, Zahn, Brille, Tasse, Schrank

der Lampenschirm, die Sonnenbrille, die Teetasse, der Zahnarzt, die Schranktür, der Teebeutel

TEST

1 Bilde mit den Wortteilen zusammengesetzte Namenwörter.
Schreibe sie mit ihren Begleitern auf die Zeilen.

a) Tasche   Sport / Hemd / Schule / Tuch / Spieler

____

____

b) Reise   Land / Wetter / Ziel / Bus / Ferien

____

____ ☐ 10

2 Zerlege die zusammengesetzten Namenwörter und schreibe die beiden neuen Wörter mit Begleiter auf.

der Wintermantel

____________________ ____________________

der Obstbaum

____________________ ____________________

das Puppenhaus

____________________ ____________________

das Windlicht

____________________ ____________________

das Detektivhandbuch

____________________ ____________________ ☐ 10

Meine Punkte: ☐ 20

Groß- und Kleinschreibung

REGEL — **Groß- und Kleinschreibung**

Nomen mit den Endungen -heit, -keit, -ung und -nis schreibt man groß.
Beispiel: die Krankheit, die Aufmerksamkeit, die Verabredung, das Zeugnis

Zusammengesetzte Adjektive schreibt man klein.
Beispiel: der Bär + stark = bärenstark
Zeitangaben werden großgeschrieben, wenn es sich um Nomen handelt.

Weitere Zeitangaben wie morgens, mittags, abends, sonntags werden kleingeschrieben.
Beispiel: der Morgen – morgens
Anreden mit „Sie“ werden großgeschrieben.
Beispiel: Sie, Ihr, Ihre, Ihren, Ihnen
Spricht man eine Person mit du an, schreibt man klein. In Briefen kann man es sich aussuchen, ob man die Anrede groß- oder kleinschreibt.
Beispiel: du, dir, deine oder: Du, Dir, Deine

ÜBUNG

1 Setze die Wörter in richtiger Schreibung ein!

Lieber Karlo,

heute __________ (MORGEN) habe ich Konfetti getroffen.

Er hat mir erzählt, dass __________ (DU) neuerdings __________ (ABENDS)

immer noch einmal spazieren gehst. Ich würde __________ (DICH) gerne begleiten.

Was meinst __________ (DU), soll ich meine Taschenlampe mitnehmen?

__________ (DEINE) Lara

Morgen, du / Du, abends, dich / Dich, du / Du, deine / Deine

TEST

1 Setze die Wörter richtig zusammen und schreibe sie auf.

erlauben freundlich erleben

hoffen frei heiter

gemütlich zufrieden

8

2 Fülle die Anreden richtig aus.

Sie – du – ihr – Sie – du – ihr

1. Kommst ______ heute zum Fußballspiel?
2. Wollt ______ noch mehr Nudeln essen?
3. Frau Baum, können ______ mir das noch einmal erklären?
4. Lara, gibst ______ Konfetti einen Knochen?
5. Karlo und Konfetti, wann kommt ______ nach Hause?
6. Zeigen ______ mir bitte einmal das Ticket?

2 Punkte pro Aufgabe

12

Meine Punkte: 20

Verhältniswörter, Bindewörter

REGEL **Verhältniswörter, Bindewörter**

Verhältniswörter (Präpositionen) setzen Wörter in Beziehung. In der REGEL stehen sie vor Namenwörtern (Nomen). Ihre Aussagen beziehen sich auf den Ort (unter, über, auf) oder auf die Zeit (seit, während, bis).

Bindewörter (Konjunktionen) verbinden Wörter, Wortgruppen und Sätze: und, weil, wie, wenn, dass, nachdem, obwohl, ob, als, obwohl.

Beispiel:
Wir haben das Fußballspiel gewonnen.
Wir haben so viel geübt.
Wir haben das Fußballspiel gewonnen, weil wir so viel geübt haben.

ÜBUNG

1 Setze die passenden Verhältnis- und Bindewörter in den Text ein.
nachdem – weil – durch – auf – als – weil – bevor – über – unter – auf

1. Konfetti frisst gerne Knochen, ___________ sie ihm so gut schmecken.
2. Der Hase hoppelt ___________ der Wiese.
3. Ein Luftballon fliegt ___________ die Hausdächer.
4. Der Ball prallt ___________ den Boden.
5. Die Kinder laufen ___________ den Garten.
6. Es ist weiß, ___________ draußen Schnee liegt.
7. Die Kinder verabreden sich, ___________ die Schulglocke geläutet hat.
8. Der Hund liegt ___________ dem Bett.
9. Karlo war gerade draußen, ___________ es anfing zu schneien.
10. Lara räumt ihr Zimmer auf, ___________ sie zum Spielen in den Garten geht.

1. weil, 2. auf, 3. über, 4. auf, 5. durch, 6. weil, 7. nachdem, 8. unter, 9. als, 10. bevor

TEST

1 Setze die passenden Verhältniswörter (Präpositionen) ein.
auf – von – in – in – unter – über – neben – auf

Karlo und Konfetti gehen heute ______ den Garten. Karlo sitzt gemütlich ______ dem Schwimmbecken, Konfetti liegt ______ der Wiese. Lara kommt. Sie stellt sich ______ den Baum. ______ dem Baum fällt ein Apfel. Erschrocken zwitschert der Vogel, der ______ den Baum hinwegfliegt. ______ dem Baum liegen schon ein paar Äpfel. Bunte Blumen blühen ______ der Wiese.

☐ 8

2 Finde die 10 Bindewörter (Konjunktionen) und kreise sie ein.

U	N	D	Ö	B	W	I	E	C	M	D	N
I	M	A	M	D	C	B	S	Y	Ä	W	A
Ü	D	S	Y	B	E	V	O	R	X	E	C
M	B	S	Ü	M	L	S	D	Ö	C	I	H
D	S	G	A	F	O	B	W	O	H	L	D
B	Ö	X	L	B	S	M	C	D	C	Y	E
O	B	M	S	D	B	O	D	E	R	Ä	M

☐ 10

3 Schreibe die Sätze mit Bindewörtern (Konjunktionen) auf.

a) Du kannst mir das Heft geben. Du kannst es auch behalten.

____

b) Ich habe das Spiel gewonnen. Ich habe nicht trainiert.

____

☐ 2

Meine Punkte: ☐ 20

REGEL **Ergänzung im Wenfall (Akkusativobjekt)**

Das Satzglied, das auf die Frage Wen oder was? antwortet, nennt man Akkusativobjekt (Ergänzung im Wenfall).

Beispiel:
Anna isst einen Apfel.
Wen oder was isst Anna? – Einen Apfel.

Tom spült das Geschirr ab.
Wen oder was spült Tom ab? –
Das Geschirr.

ÜBUNG

1 Suche in diesen Sätzen die Ergänzung im Wenfall.

a) Lara hat ein blaues Kleid.

Wen oder was? ______________

b) Karlo repariert den Fahrradreifen.

Wen oder was? ______________

c) Lara isst einen Apfel.

Wen oder was? ______________

d) Karlo liest die Zeitung.

Wen oder was? ______________

e) Konfetti fängt den Ball.

Wen oder was? ______________

f) Papa holt einen Stuhl.

Wen oder was? ______________

a) ein blaues Kleid, b) den Fahrradreifen, c) einen Apfel, d) die Zeitung, e) den Ball, f) einen Stuhl

TEST

1 Finde die Ergänzungen im Wenfall, unterstreiche sie und schreibe sie auf.

a) Papa hat ein blaues Fahrrad.

Wen oder was? ______________

b) Die Katze hat ein dünnes Halsband.

Wen oder was? ______________

c) Karlo sieht den Postboten.

Wen oder was? ______________

d) Der Löwe brüllt den Wärter an.

Wen oder was? ______________

e) Lara sieht das Boot.

Wen oder was? ______________

f) Der Bäcker backt den Kuchen.

Wen oder was? ______________

2 Punkte pro Aufgabe

☐ 12

2 Ergänze die Ergänzungen im Wenfall.

die Tür – ein Lied – den Weg – Wasser – eine Hose – eine Banane – ein Bild – ein Buch

a) Konfetti trinkt gern ______________.

b) Abends liest Lara immer ______________.

c) Lara singt laut ______________.

d) Oma näht ______________.

e) Theo malt ______________.

f) Der Affe isst jeden Tag ______________.

g) Die Straßenlampe beleuchtet ______________.

h) Karlo macht ______________ zu.

☐ 8

Meine Punkte: ☐ 20

Ergänzung im Wemfall (Dativobjekt)

REGEL — **Ergänzung im Wemfall (Dativobjekt)**

Das Satzglied, das auf die Frage Wem oder für wen? antwortet, nennt man Ergänzung im Wemfall (Dativobjekt).

Beispiel:

Lisa kauft ihrem Bruder ein Eis.

Wem kauft Lisa ein Eis? – Ihrem Bruder.

ÜBUNG

1 Suche in diesen Sätzen die Ergänzung im Wemfall.

a) Karlo schenkt seinem Freund eine Blume.

Wem oder für wen? ____________________

b) Mein Opa baut mir ein tolles Auto.

Wem oder für wen? ____________________

c) Lara leiht Karlo einen Ball aus.

Wem oder für wen? ____________________

d) Mama erzählt Lara abends Märchen.

Wem oder für wen? ____________________

e) Zum Mittagessen kocht Lara ihren Freunden Kartoffeln.

Wem oder für wen? ____________________

f) Konfetti gibt Mira einen Kuss.

Wem oder für wen? ____________________

g) Lara malt Mama ein Bild.

Wem oder für wen? ____________________

seinem Freund, mir, Karlo, Lara, ihren Freunden, Mira, Mama

TEST

1 Unterstreiche jeweils die Ergänzung im Wemfall.

a) Meinem Freund schenke ich ein Bonbon.
b) Die Kinder geben dem Hund einen Knochen.
c) Mama gibt den Meerschweinchen Futter.
d) Ihrer Mutter liest Lara abends vor.
e) Karlo vertraut Konfetti ein Geheimnis an.
f) Konfetti zeigt Karlo den bunten Stein. ☐ 6

2 Kreuze an: richtig oder falsch?

	r	f
1. Die Satzaussage kann auch zweiteilig sein.		
2. Der Satzgegenstand wird durch Wer oder was? erfragt.		
3. Nach der Ergänzung im Wenfall fragst du mit Wem oder was?		
4. Nach der Ergänzung im Wemfall fragst du mit Wem oder für wen?		

☐ 4

3 Unterstreiche die Satzgegenstände blau und die Satzaussagen rot.

a) Oft liest Mama Lara vor.
b) Am Wochenende gehe ich ins Theater.
c) Donnerstags spielen die Kinder im Park. ☐ 6

4 Unterstreiche die Ergänzungen im Wenfall grün, die Ergänzungen im Wemfall gelb.

a) Heute schenken wir meiner Oma ein Geburtstagsgeschenk. ☐ 4
b) Ich gebe meiner Mutter eine schöne Topfblume.

Meine Punkte: ☐ 20

Reizwortgeschichte

REGEL — **Reizwortgeschichte**

So schreibst du eine Reizwortgeschichte:
- Spannende Überschrift
- Wo und wann spielt die Handlung?
- Wie heißen deine Hauptpersonen?
- Denke an einen spannenden Höhepunkt.
- Schreibe auch die Gedanken und Gefühle deiner Hauptpersonen auf.
- Schreibe einen kurzen Schluss.

ÜBUNG

1

1. Lies die drei Wörter.
2. Schließe nun die Augen und denke dir eine Geschichte dazu aus.
3. Beantworte nun die Fragen:

Urlaub

Regen

toller Plan

a) Wann passierte deine Geschichte?

____

b) Wer sind deine Hauptpersonen?

____

c) Wo wird Urlaub gemacht?

____

d) Was sagen die Hauptpersonen zum Wetter?

____

e) Was geschieht nun?

____

f) Wie geht die Geschichte aus?

____

TEST

1 Schreibe nun deine Geschichte auf.

Denke an die spannende Überschrift, die den Leser neugierig machen soll und dennoch nichts Wichtiges verrät.

Überschrift: ______________________________

____

____

____

____

____

Hier kannst du ein Bild zu deiner Geschichte malen.

Lies jemandem deine Geschichte vor, zeige dein Bild und lass dir Punkte geben.

Meine Punkte: ☐ 20

Bildergeschichte

REGEL **Bildergeschichte**

Zu Bildern eine Geschichte zu schreiben, ist nicht einfach. Achte darauf, nicht nur aufzuschreiben, was auf den einzelnen Bildern zu sehen ist.

Es geschehen viele Dinge:
Auf jedem Bild geschieht etwas.
Vorher sind Dinge geschehen, die nicht auf dem Bild zu sehen sind.
Nach jedem Bild geschieht erneut etwas, von dem du erzählen musst.

ÜBUNG

1 Überlege dir die Antwort zu den Fragen.

Was ist vorher geschehen?

Was geschieht nachher?

Was ist vorher geschehen?

Was geschieht nachher?

Was ist vorher geschehen?

Was geschieht nachher?

Was ist vorher geschehen?

Was geschieht nachher?

TEST

Schreibe deine Geschichte zu den Bildern auf. Finde eine Überschrift und schreibe auch auf, was vorher und was danach geschah.

Lies jemandem deine Geschichte vor und lass dir Punkte geben.

Meine Punkte: ☐ 20

Nacherzählung

REGEL **Nacherzählung**

Wenn du eine Geschichte nacherzählst, dann helfen dir die folgenden Fragen. Die Antworten notierst du dir als Stichwörter.

Fragen:
Wer? (eine Person, ein Tier, ein Ding)
Wo? (ein Ort)
Wann? (eine Uhrzeit, ein Wochentag, eine Jahreszeit)

Nur die wichtigsten Inhalte einer Geschichte sind bedeutsam für deine Nacherzählung.

ÜBUNG

1 Ordne die Wörter den Fragen zu:

der Lehrer – am Montag – in der Schule – Konfetti – um acht Uhr – der Hausmeister – auf der Straße – am Frühstückstisch – im Winter – Kinder – im Kino – samstags – das Hausaufgabenheft – mittags – im Schwimmbad

Wer? ______________________________

____

Wo? ______________________________

____

Wann? ______________________________

____

Wer: der Lehrer, Konfetti, der Hausmeister, Kinder, das Hausaufgabenheft
Wo: in der Schule, auf der Straße, am Frühstückstisch, im Kino, im Schwimmbad
Wann: am Montag, um acht Uhr, im Winter, samstags, mittags

TEST

1 Lies dir die Geschichte mindestens zweimal durch.
Merke dir die wichtigsten Dinge.

Am Donnerstag hat Maria am Nachmittag Klavierstunde bei Frau Bühler. Die wohnt am Stadtrand im Sofienweg. Maria fährt nomalerweise mit dem Rad, aber heute regnet es kräftig. Deshalb nimmt Maria den Bus. Die Fahrkarte kostet 1,80 Euro. Mama gibt Maria 5 Euro mit. Auf dem Rückweg soll sie noch ein Vollkornbrot vom Bäcker mitbringen. Als Maria nach der Klavierstunde wieder heimkommt, hat sie leider das Brot vergessen. Schnell rennt sie zurück zum Bäcker, kauft das Brot und geht dann nach Hause.

2 Unterstreiche zehn wichtige Wörter in der Geschichte und schreibe sie auf.

____

____

____

____

3 Erzähle die Geschichte nun mithilfe der Stichworte nach.
Überprüfe, ob du an alles gedacht hast, und gib dir Punkte.

Meine Punkte: ☐ 20

Bewerte deine Testergebnisse:

0–9 Punkte:

Das Thema solltest du noch etwas üben.
In den Lern-Detektiv-Heften findest du viele andere spannende Übungen.

10–16 Punkte:

Die nächste Klassenarbeit kann getrost kommen, denn:
Du hast gut geübt! ☺

17–20 Punkte:

Es hat sich richtig gelohnt, dass du geübt hast.
Auch knifflige Aufgaben hast du geschafft. Du bist spitze! ☺☺

Lösungen Klasse 3

Test Seite 5

1 spitz, Be-cher, Holz-klotz, Kin-der-bett, sin-gen
2 kurzer Selbstlaut: Hund, Ente, Henne
langer Selbstlaut: Schwan, Tiger, Zebra
3 Blatt – Blätter, Rock – Röcke, Satz – Sätze, Fall – Fälle

Test Seite 7

1 Wasser, knurren, treffen, rennen, Nummer, passen
2 Sonne, summen, Wasser, schimmert, rennen, gewinnt, Rennen, jammert
3 Regen-Wasser: Regenwasser, trinken-Wasser: Trinkwasser, Leitung-Wasser: Wasserleitung oder Leitungswasser, hoch-Wasser: Hochwasser, Tier-Wasser: Wassertier, putzen-Wasser: Putzwasser

Test Seite 9

1 spielen, Kartenspiel, gewinnt, lieber, will, sich, Bilder, in
2 liegt, Biene, flieht, kriegen, sieht, Biene, Fliege
3 Liege, Zwiebel, Fliege, Ziege, Riese, Knie
Lösungswort: liegen

Test Seite 11

1 Stuhl, Huhn, Draht, Bahn, fahren, Kohle
2 Bahn, Sohn, Stuhl, ihre, fehlen, Kuh, Zeh, Zahl, Fohlen, ihm
3 Gefühl-kühl, Pfahl-Zahl, Kohle-Sohle, Kehrer-Lehrer

Test Seite 13

1 schreibt – schreiben, klebt – kleben, springt – springen, fliegt – fliegen, fängt – fangen, kriegt – kriegen, nagt – abnagen
2 hungrig – Kind: das hungrige Kind; rund – Korb: der runde Korb; ruhig – Abend: der ruhige Abend; mild – Wind: der milde Wind
3 Nomen: Dieb, Wort, Fahrrad
Verben: klingen, merken, loben
Adjektive: kalt, gesund, eisig

Test Seite 15

1 Wörter mit k:
Rakete, Schokolade, danken, Schrank, schenken
Wörter mit ck:
Schnecke, Stock, schicken, schick, flicken
2 Fackel, schmücken, backen, Zicke, Zucker
3 1. Wackelzahn, 2. Hecke, 3. Zecke, 4. Decke, 5. Heuschrecke

Test Seite 17

1 Wörter mit z:
Warze, Rezept, Tanz, Ranzen, Pflanze
Wörter mit tz:
witzig, Hitze, Tatze, Satz, Pfütze
2 Schatz, Mütze, Grütze, blitzen, Ritze
3 Katze – Tatze, Pfütze – Mütze, spitzen – sitzen, stutzen – putzen, Spatz – Satz

Test Seite 19

1 Lasso, Kasse, Messer, Masse, wissen, passen, Tasse, lassen
2 das Rennauto – rasen, die Hosen – passen, der Wind – sausen, der Regen – prasseln, die Tiere – fressen, die Lehrer – wissen
3 Schloss, Fluss, Pass, küssen, müssen, essen

Test Seite 21

1 Lesebrille, gelesen, lesbar, Lesebuch, Leselampe
2 fließen: Fluss, Flusspferd, floss, Flüsschen, Abfluss
fahren: Fahrertür, Autofahrt, Fahrer, abfahren, Fahrt
schreiben: Schreibstift, Schreibheft, geschrieben, abschreiben, verschreiben

Test Seite 23

1 die Brille, das Glück, die Tasse, der Baum, der Hase, ein Fahrrad, ein Regenschirm, eine Dose, eine Apfelsine, ein Fischernetz
2 Menschen: das Kind, der Mann
Tiere / Pflanzen: der Hund, die Maus, die Blume;
Gegenstände: der Hammer, das Lesebuch, das Papier
Gefühle: die Wut, die Freude

Lösungen

Test Seite 25

1 lachen, riechen, leuchten, basteln, schlafen, rechnen, singen, fliegen, kochen, rennen

2 ich gehe, du gehst, er geht, wir gehen, ihr geht, sie gehen

3 verfahren, zerreißen, anmalen, abschreiben

Test Seite 27

1 1. er, 2. du, 3. wir, 4. ich, 5. sie, 6. ihr, 7. sie
Es ist: es

2 sie – es – er

3 ich schreibe, pfeife / wir laufen, kaufen / du lachst, liest / ihr malt, baut / es klingelt, rattert

Test Seite 29

1 Vergangenheit: 2, 4, 6, 10. Gegenwart: 1, 5, 8.
Zukunft: 3, 7, 9

2 1. las, 2. bellt, 3. regnete, 4. lachen,
5. wird sich strecken

Test Seite 31

1 ich lache, ich lachte, ich habe gelacht
du baust, du bautest, du hast gebaut
sie schläft, sie schlief, sie hat geschlafen
wir spielen, wir spielten, wir haben gespielt
sie laufen, sie liefen, sie sind gelaufen

2 a) Am Morgen ging Lara zur Schule. Auf dem Weg sah sie einen Vogel. Sie traf ihre Freundin Sara. Sie erzählten sich Geschichten. Da klingelte schon die Schulglocke.

b) Am Morgen ist Lara zur Schule gegangen. Auf dem Weg hat sie einen Vogel gesehen. Sie hat ihre Freundin Sara getroffen. Sie haben sich Geschichten erzählt. Da hat schon die Schulglocke geklingelt.

Test Seite 33

1 neu – alt, hart – weich, dick – dünn, leise – laut, warm – kalt

2 kalt – kälter – am kältesten, bunt – bunter – am buntesten, schwer – schwerer – am schwersten, leicht – leichter – am leichtesten, hart – härter – am härtesten

Test Seite 35

1 überall, dennoch, heute, vorn, also, genug, hier, morgens, sehr, darum

2 dann – vielleicht – dort – immer – gern

Test Seite 37

1 Es ist Frühling. Die Blumen blühen. Welche Farbe gefällt dir am besten? Magst du lieber gelbe oder rote Primeln? Ich liebe rote Primeln über alles! Und du, Karlo? Wo ist eigentlich Konfetti? Oje, sieh nur! Konfetti läuft zur Straße! Komm sofort zurück! Brav. Jetzt gehen wir nach Hause.

2 1. Wann, 2. Wer, 3. Wo, 4. Was, 5. Warum,
6. Wie, 7. Wer, 8. Was, 9. Wann

Test Seite 39

1 1. Konfetti jault: „Ich möchte mehr Knochen!"
2. Karlo lacht: „Konfetti, hör auf!"
3. Lara fragt: „Darf ich mich zu euch setzen?"
4. Papa sagt: „Heute können wir auf den Spielplatz gehen."
5. Mama sagt: „Wir können auch zu Oma fahren!"
6. Alle rufen: „Oh ja, lasst uns zu Oma fahren!"

2 1. Konfetti möchte spazieren gehen: „Los! Lasst uns losgehen!"
2. Karlo kann das nicht verstehen: „Konfetti, hab noch ein wenig Geduld!"
3. Lara bietet an: „Komm, Konfetti, dann gehen wir in den Garten!"
4. Das will Konfetti nicht. „Immer soll ich im Garten spielen", mault er.
5. Lara lacht: „Dann hol deine Leine, Konfetti!"
6. „Wir gehen spazieren", sagt sie.
7. „Aber zieh nicht mehr so an der Leine!", ermahnt sie ihn.
8. Konfetti bellt: „Ganz bestimmt nicht!"

Test Seite 41

1 a) Die Maus – läuft – in ihr kleines Loch.
b) Karlo – liest – jeden Morgen – seine Zeitung.
c) Lara – schreibt – gerne – lange Briefe – an ihre Oma.

d) Mama – schimpft – heute – mit Lara.
e) Papa – liest – Lara – abends – immer – aus einem Buch – vor.

2 a) Konfetti und Karlo spielen sonntags ein Spiel.
Ein Spiel spielen Konfetti und Karlo sonntags.
Spielen Konfetti und Karlo sonntags ein Spiel?
b) Lara mag am allerliebsten Schokoladenpudding.
Am allerliebsten mag Lara Schokoladenpudding.
Schokoladenpudding mag Lara am allerliebsten.
c) Die Lehrerin erklärt den Schülern die Hausaufgaben.
Die Hausaufgaben erklärt die Lehrerin den Schülern.
Den Schülern erklärt die Lehrerin die Hausaufgaben.
d) Am Abend schaut Karlo sich gerne den Sternenhimmel an.
Karlo schaut sich gern am Abend den Sternenhimmel an.
Den Sternenhimmel schaut sich Karlo gern am Abend an.
e) Lara pflückt für Mama einen bunten Blumenstrauß.
Für Mama pflückt Lara einen bunten Blumenstrauß.
Einen bunten Blumenstrauß pflückt Lara für Mama.

Test Seite 43

1 a) Lara, b) (ein spannender) Film, c) die Hunde, d) die Windmühlenräder, e) der Glitzerstein, f) der Witz, g) das Geschäft, h) die Katze

2 a) Konfetti, b) Karlo, c) die Katze, d) die Schüler

Test Seite 45

1 Konfetti frisst eine Wurst./ Konfetti schläft in seinem Körbchen./ Konfetti kaut am Knochen./ Konfetti schnarcht auf dem Kissen. Konfetti spaziert im Park.

Test Seite 47

1 Beispiele Drachen: fliegen, Wind, Ungeheuer, Feuer speien
Beispiele Hahn: Bauernhof, krähen, Wasser, aufdrehen

2 Stiefmutter – will die Kinder loswerden – Wald – weiße Steine – Plan misslingt – Brot – Kinder verloren – finden Haus aus Süßigkeiten – „Knusper, knusper, Knäuschen“ – „Der Wind, der Wind, das himmlische Kind“ – Backofen – laufen heim – Vater freut sich

Test Seite 49

2: h, l, b, e, n, j, i, k, m, d, f, a, c, g

Lösungen Klasse 4

Test Seite 55

1 gießen, Riese, Spaß, Dose, Grieß, Wiese

2 1. Spaß, 2. groß, 3. Fressen, 4. draußen, 5. begrüßt, 6. Schlüssel, aufzuschließen

3 1. das, 2. dass, 3. das, 4. dass, 5. das, 6. das, 7. dass

Test Seite 57

1 Luchs, Fax, Lachs, fix, extra, klecksen, Axt, Keks, unterwegs, Praxis

2 Klecks, sechs, links, mixen, Achse, flugs, Experte, links, Dachs, Nixe

Test Seite 59

1 eine Silbe: Vers, voll, Vieh, vor
zwei Silben: privat, Vampir, Vogel, Vase, vielleicht, Veilchen
drei Silben: November, relativ

2 verlesen, verfahren, versprechen, verstellen, vorlesen, vorfahren, vorsprechen, vorstellen

Test Seite 61

1 a) die Sporttasche, die Hemdtasche, die Schultasche, das Taschentuch, der Taschenspieler
das Reiseland, das Reisewetter, das Reiseziel, der Reisebus, die Ferienreise

2 b) der Winter + der Mantel / das Obst + der Baum / die Puppe + das Haus / der Wind + das Licht / der Detektiv + das Handbuch

Test Seite 63

1 Erlaubnis, Freundlichkeit, Erlebnis, Hoffnung, Freiheit, Heiterkeit, Gemütlichkeit, Zufriedenheit

2 1. du, 2. ihr, 3. Sie, 4. du, 5. ihr, 6. Sie

Test Seite 65

1 in, in, auf, neben, von, über, unter, auf

2 und, dass, ob, als, wie, obwohl, bevor, oder, weil, nachdem

3 a) Du kannst mir das Heft geben oder es auch behalten.
b) Ich habe das Spiel gewonnen, obwohl ich nicht trainiert habe.

Test Seite 67

1 a) Ein blaues Fahrrad, b) Ein dünnes Halsband, c) Den Postboten, d) Den Wärter, e) Das Boot, f) Den Kuchen

2 a) Wasser, b) ein Buch, c) ein Lied, d) eine Hose, e) ein Bild, f) eine Banane, g) den Weg, h) die Tür

Test Seite 69

1 a) meinem Freund, b) dem Hund, c) den Meerschweinchen, d) ihrer Mutter, e) Konfetti, f) Karlo

2 1. r, 2. r, 3. f, 4. r

3 Satzgegenstände: Mama, ich, die Kinder
Satzaussagen: liest vor, gehe, spielen

4 Wenfall: ein Geburtstagsgeschenk, eine schöne Topfblume
Wemfall: meiner Oma, meiner Mutter